Copyright 2018 - Arnaud DEGARDIN
Tous droits réservés.

Aucune partie de ce livre ne peut être reproduite, stockée dans un système de classement ou transmise par quelque moyen que ce soit, électronique, mécanique, photocopié, enregistré ou autrement, sans l'autorisation écrite de l'auteur.

Auteur: Arnaud DEGARDIN

Né en France en 1978, Arnaud DEGARDIN vit actuellement en Italie au nord de Milan. Entrepreneur de la société *ASE Società Cooperativa* (sites Internet: Badante-NoProblem.com et pc-dream.it). La société s'occupe de fournir une assistance aux personnes âgées et de donner du travail à des milliers de personnes en Italie. Grâce à sa jeune équipe au sein de la société, Arnaud se consacre également à la rédaction de libre d'essais afin de transmettre son enthousiasme pour les affaires et à la création de "systèmes" permettant d'atteindre la liberté financière.

Liens: https://linktr.ee/jobsobivo

Du même auteur:
- Web Robots: Révolutionne ton business avec la Robotic Process Automation et le Web-Scraping appliqués au Web-marketing
- Issue de Secours: travaille moins et sois heureux. Atteindre la liberté financière et partir en retraite encore jeune.
- Travail à domicile: Crée ton Business en Ligne

Première édition: Novembre 2018

SOMMAIRE:

INTRODUCTION

1. Pourquoi est-il important de vivre le moment présent?

Vous ne serez pas déçu à l'avenir
Le passé est "irréel"
Vivre dans le présent - comment puis-je faire?

2. Comment rester concentré dans le présent et éviter les distractions?

Utilisez les schémas mentaux

Arrête de regarder la télé

Comment ai-je remplacé la dépendance aux réseaux sociaux par plus de productivité?

L'appel des réseaux sociaux

Se débarrasser de la drogue

Comment arrêter de contrôler ses emails comme un toxicomane?

Pourquoi n'êtes-vous pas plus productif lorsque vous consultez vos emails tout le temps?

Voici trois méthodes simples pour dédier durant la journée un créneau horaire pour répondre aux courriers électroniques.

3. Comment mettre en place un mode de vie sain et augmenter la productivité du travail?

Faire 20 minutes d'exercice physique par jour

Que boire et manger pour augmenter votre productivité?

Équilibrer votre apport énergétique pour maintenir un poids correct

Réduire la consommation de graisses saturées et les remplacer par des graisses insaturées

Mangez plus de légumes, fruits, fruits secs

Limiter la consommation de sucres ajoutés

Limiter la consommation de sel

Assurez-vous de boire suffisamment d'eau chaque jour

4. Créer des systèmes: faire plus avec moins

La répétition est l'ennemi du progrès: 3 raisons pour tout automatiser

Comment déléguer efficacement et tirer le meilleur parti de votre équipe

5. Utilisez vos émotions pour être plus productif

Comment éviter de s'inquiéter?

Arrêtez de penser à votre performance.

Combien de pauses font les personnes productives?

6. Comment tirer le meilleur du travail des autres pour développer votre entreprise?
- Assurez le succès de vos employés
- 4 façons d'obtenir la confiance et l'engagement de votre équipe
  1. Assurez-vous d'avoir un lien personnel avec vos employés
  2. Inspirez votre équipe
  3. Faites confiance à vos employés
  4. Donner aux employés un moyen de se développer et de réussir dans l'entreprise

CONCLUSION

INTRODUCTION

Vous avez déjà lu cela dans d'autre livres qui prétendent connaître les méthodes miraculeuses pour améliorer leur productivité et cesser d'être esclaves de leur vie professionnelle ....

Cette fois, c'est différent, il n'y a rien de MIRACULEUX, j'utilise personnellement ces techniques et je voulais les résumer dans ce livre.

Évidemment, cela semblera très prétentieux de ma part! Qu'est-ce qu'il y a de différent cette fois ci?

Les techniques que je présente ici ont toutes un point commun: elles se déroulent dans le Présent, ou plutôt en 24 heures ...

Maintenant, prenez une profonde respiration et prenez un moment pour vivre dans le présent. Mettez de côté tous vos soucis et toutes vos pensées sur le passé, et profitez simplement du moment dans lequel vous vivez. Vous vous sentez bien ... non?

Continuez à lire et vous apprendrez "Comment augmenter votre productivité en vivant dans le présent" avec la bonne philosophie et dans tous les domaines de votre vie.

Les expériences que j'ai vécues dans le passé, les leçons que j'ai apprises et les personnes que j'ai connues font de moi la personne que je suis aujourd'hui. Bien que le passé soit une partie importante de ma vie, c'est au présent que ma capacité de transformation productive s'exprime.

Bonne lecture!

1. Pourquoi est-il important de vivre le moment présent?

Vous ne serez pas déçu à l'avenir

Sans désirs pour l'avenir, vous n'êtes pas déçu par tout ce qui se passe. Entrez dans la vie avec un esprit ouvert et chaque bonne chose est une bonne surprise.

Nous avons tous des désirs dans nos vies: ce que nous voulons de la vie et qui nous voulons devenir dans 10 ans. Je crois que l'une des clés du bonheur réside dans la gestion des attentes futures. Si vous n'avez pas de désirs à long terme, vous ne pouvez jamais être déçu.

L'un des plus grands défis de la vie est d'apprendre à nous accepter nous-mêmes et à accepter les autres pour ce qu'ils sont vraiment.

Des attentes irréalistes à long terme peuvent être source de déception énormes. Trop de gens sont obsédés par le désir de faire carrière ou de trouver le conjoint parfait, et deviennent de plus en plus frustrés lorsque leurs désirs ne se manifestent pas.

Lorsque vous avez des désirs irréalistes, vous vous exposez à un risque de vous transformer en "perfectionniste", ce qui est loin d'un mode de vie saine.

Alors pourquoi ne pas s'attendre à ce que vous pouvez réaliser aujourd'hui même?

Ayez "de l'espoir pour le futur" mais les attentes restent pour le "moment présent". Il y a deux types d'objectifs. L'un qui se concentre sur le résultat et l'autre sur le processus.

Concentrez-vous sur les processus qui vous permettent d'atteindre des objectifs plutôt que des objectifs de résultats.

Si vous êtes un écrivain, le but serait de terminer votre livre à une date donnée. A cette date, vous voulez voir le livre terminé.

L'objectif du processus, en revanche, serait d'écrire quotidiennement pendant au moins une heure. Ce sont des habitudes quotidiennes. Les objectifs du processus sont moins stressants car ils ne sont pas basés sur vos progrès ou vos compétences.

Peu importe la rapidité avec laquelle vous écrivez ou combien vous écrivez. Tant que vous planifiez un moment pour écrire et continuer, vous atteignez vos objectifs.

Vous ne pouvez avoir aucun contrôle sur le résultat de votre travail. Ne vous attendez pas à ce que le travail acharné puisse garantir le succès. Ne restez pas sur le résultat, sur vos objectifs ou sur des plans parfaits.

Les plans échouent souvent.

Il ne s'agit pas d'avoir le plan parfait. Il s'agit de réfléchir et de changer vos actions en cours de route, tous les jours. Les entrepreneurs ne réussissent pas parce qu'ils ont le plan parfait depuis le début. Si cela ne fonctionne pas, ils comprennent pourquoi et apportent des modifications à leurs idées, puis mettent leurs nouvelles idées en pratique. C'est un processus itératif.

Le plan est fait dans le passé. Restez dans le présent. Si quelque chose doit être changé maintenant, changez-le. Soyez ouvert aux possibilités. Ne restez pas enfermé avec les désirs que vous avez formulés dans le passé.

Le passé est "irréel"

Lorsque nous disons que quelque chose est irréel, nous voulons dire que ce n'est pas tangible, nous ne pouvons pas y accéder, le toucher, le sentir ou le voir. Si quelque chose ne peut pas être perçu avec nos cinq sens, cela signifie qu'il n'existe pas dans nos vies actuelles. Cela ne signifie pas que cela n'existait pas avant, car c'était évidemment très réel à l'époque. Évidemment, nous savons que ces choses sont arrivées, mais elles ne sont réelles que dans notre esprit et dans notre psyché.

Quelque chose qui n'existe que dans notre imagination ne peut pas être changé. Vous ne pouvez pas agir pour changer les situations passées.

Si aujourd'hui nous souffrons et sommes angoissés par ce qui s'est passé hier, nous perdons un temps précieux dans nos vies aujourd'hui. C'est pourquoi chaque fois que notre esprit voyage dans le passé, il est important de le ramener au présent.

L'avenir est "anxiété"

De la même manière, lorsque notre esprit se déplace vers l'avenir, il ne fait que nous remplir d'une angoisse inutile. La seule chose qui existe réellement est l'ici et le maintenant. Le passé et l'avenir n'existent que dans nos têtes.

Vivre dans le présent - comment puis-je faire?

La première étape pour vraiment vivre dans le présent est de réaliser que le passé n'est pas réel. C'était réel à un autre moment, mais pas maintenant. Par conséquent, nous devons cesser d'attribuer trop d'importance et de valeur à quelque chose qui n'existe plus.

La deuxième étape consiste à cesser de donner à notre esprit la possibilité de voyager dans le passé ou le futur. L'imagination est un cadeau très précieux, à condition de ne pas la confondre avec la réalité.

2. Comment rester concentré dans le présent et éviter les distractions?

Utilisez les schémas mentaux

Dans ce monde numérique rempli de distractions dans lequel nous vivons, nous sommes constamment bombardés de mails, de messages et de notifications sur les réseaux sociaux. En plus de cela, nous devons faire face aux demandes occasionnelles quotidiennes de nos amis, de notre famille et de nos collègues de travail par téléphone ou directement.

Si vous n'avez pas de schémas mentaux solides, vous vous égarez facilement et perdez vos heures productives en réagissant à des "urgences".

L'un des meilleurs moyens d'utiliser les schémas mentaux pour se concentrer consiste à développer l'habitude d'anticiper les distractions avant qu'elles ne se produisent.

Vous pouvez simplement imaginer votre journée dès le matin et avoir un plan en place pour faire face aux distractions qui pourraient tuer votre attention.

@2018 Arnaud Degardin

La plupart des gens passent leur vie entière en mode "réactif", réagissant constamment aux distractions et aux demandes externes sans rester concentrés sur ce qui est important pour atteindre leurs objectifs de la journée.

D'autres personnes construisent de bons schémas mentaux qui, combinés à un bon environnement de travail, les aident à rester extrêmement productifs dans ce qu'ils font.

Alors posez-vous ces questions: à quoi dois-je m'attendre aujourd'hui? Quels types de distractions et d'urgences pourraient émerger et comment puis-je y faire face?

Peu importe le nombre de distractions auxquelles vous faites face-à-face chaque jour, vous pouvez entraîner votre esprit à rester concentré et à éviter les distractions même si vous êtes "sous pression".

Arrête de regarder la télé

"Je trouve la télévision très instructive. Chaque fois que quelqu'un l'allume, je vais dans une autre pièce et lis un bon livre." - Groucho Marx

Je ne regarde plus la télévision et plusieurs lecteurs m'ont curieusement demandé pourquoi je le fais pas et comment je gère la vie sans la télévision. Alors j'ai pensé qu'il était temps que j'écrive sur ce sujet.

Je n'ai pas regardé la télévision depuis longtemps, ou rarement depuis 2014, depuis que ma fille l'utilise pour les dessins animés. Je regarde principalement mes programmes préférés en ligne, sur internet.

Autrefois, j'étais un téléspectateur "normal", comme la plupart des gens. Je n'étais pas un toxicomane ou une "patate" de canapé, mais je regardais la télévision quand je le voulais, généralement après le travail et au dîner.

Puis, lentement, j'ai moins regardé la télévision. Ce n'est pas comme si je me suis réveillé un jour et que j'ai décidé: "c'est tout - je ne regarderai plus la télévision à partir de maintenant". C'était plutôt une transition progressive vers une vie sans télévision.

Et pour être honnête, ma vie ne s'est pas détériorer. En regardant en arrière, je n'ai pas l'impression d'avoir perdu quelque chose. En fait, je sens que ma vie a changé en mieux.

J'ai connu de nombreux changements positifs, tels que plus de temps pour faire ce que je veux, plus de productivité et de liberté en somme.

J'ai de nouveau essayé de regarder la télévision pour voir comment cela se passait après tant d'années. Je me suis donné une heure, mais je ne pouvais pas résister plus de 20 minutes. Les émissions me semblent toutes ennuyeuses, les programmes semblent vides, les publicités sont inutiles, les informations sembles toujours catastrophiques et partielles: cela n'est qu'une perte de temps.

"*Trop de vacances qui durent trop longtemps, trop de films, trop de télévision, trop de jeux vidéo - trop de divertissements indisciplinés au cours desquels une personne perd progressivement une vie. Des habitudes inconfortables font en sorte que nos capacités restent en sommeil, que les talents restent sous-développés, que l'esprit devient léthargique et que le cœur ne soit plus satisfait.*" Les 7 habitudes de ceux qui réalisent tout ce qu'ils entreprennent - Stephen Covey -

Comment ai-je remplacé la dépendance aux réseaux sociaux par plus de productivité?

Souffrez-vous de dépendance aux réseaux sociaux, tels que Facebook, Linkedin, Instagram … etc ? Trouvez-vous difficile d'être productif lorsque vous travaillez seul?

La méthode suivante m'a rendu plus efficace et plus heureux dans mon travail et m'a aidé à éliminer les médias sociaux (ou du moins les "concentrer"). Le système est adapté à qui travaille seul et doit se concentrer pendant de longues périodes, par exemple en programmation informatique ou en écriture (blogging, video etc). Mais même si votre travail n'est pas comme ça, je pense que vous pouvez trouver de nombreux avantages à la méthode.

L'appel des réseaux sociaux

Si vous aviez un bouton devant vous qui déclenche un moment de plaisir chaque fois que vous l'appuyez: Qu'est-ce qui se passerait dans votre esprit? Comment vous vous rapporteriez par rapport à ce bouton? Quand allez-vous appuyer ?

Dans les années 1950, les psychologues James Olds et Peter Milner ont partis analysé cette question. Ils avaient trouvé un moyen de construire un appareil permettant aux rats de laboratoire d'avoir accès à un tel bouton. Le bouton était connecté directement aux rongeurs, dans une partie du cerveau où l'électrode implantée déclenchait un flux intense de plaisir.

Les rats ont fini par appuyer sur ce bouton jusqu'à 7 000 fois par heure. Ils ont donné la priorité au bouton au lieu de manger, de boire et de prendre soin de leur nouveau-né. Les chercheurs ont dû arrêter l'expérience lorsqu'ils ont découvert que les rats mourraient de faim parce qu'ils préféraient appuyer sur le bouton plutôt que de manger. Appuyer sur le bouton est devenu la seule chose qui intéressait les rats.

Je n'essaierai pas d'assimiler les smartphones et les réseaux sociaux au "bouton de plaisir" des rats. Mais les expériences de Old et Milner sur les rats nous disent quelque chose sur la force des dépendances psychologiques. Elles nous disent également comment parfois nous sommes impuissants contre certaines habitudes, à moins de trouver le moyen de les surmonter.

Peut-être que nous n'utilisons pas aussi souvent les réseaux sociaux (7 000 fois par heure), mais je pense que beaucoup d'entre nous devraient admettre que nous en sommes dépendants et que ça nous fait du mal.

@2018 Arnaud Degardin

Toute forme de dépendance augmente le niveau de stress et consomme beaucoup de temps et d'énergie mentale chaque jour.

Pourquoi sommes-nous devenus dépendants des réseaux sociaux? Qu'est-ce qui nous attire? En fin de compte: nous sommes des animaux sociaux. Les humains ont toujours vécu dans les tribus: petites communautés d'environ 150 personnes environ. Nos relations avec les autres membres de notre tribu ont toujours été essentielles à notre succès en matière de procréation. Nous avons un besoin inné de prendre conscience de la position sociale des autres, de manière à pouvoir toujours nous positionner stratégiquement de la meilleure façon possible.

Les sites de réseaux sociaux modernes tels que Instagram et Facebook fournissent un raccourci pour obtenir des mises à jour fondamentales sur les personnes avec lesquelles nous entretenons une relation. Nos cerveaux sont programmés pour donner la priorité aux informations concernant notre tribu quand elles sont disponibles. Le seul problème est que notre tribu aujourd'hui est le monde entier et que de nouvelles informations sur cette tribu sont constamment disponibles.

Lorsque je me connectais constamment à Facebook sur l'ordinateur, je rencontrais souvent un problème: lorsque je me mettais au travail, je ressentais souvent une sorte de résistance à l'idée de commencer à faire mon travail. Ce comportement d'évitement devient facilement une habitude en soi, ce qui signifie qu'il devient de plus en plus difficile d'en sortir et de se mettre au travail.

Je vais maintenant décrire les mesures que j'ai prises pour me libérer de la dépendance aux réseaux sociaux et développer une habitude de productivité et de concentration élevée:

Se débarrasser de la drogue
Vous devrez comprendre qu'il est peu pratique de renoncer à quelque chose dont vous dépendez et qui peut également vous servir dans votre travail... comme c'est le cas pour moi dans mon activité de marketing.

Vous devez vous débarrasser de l'accès facile aux médias sociaux, du moins pendant que vous essayez de travailler. La solution la plus simple consiste à désinstaller toutes les applications de reseuax sociaux de votre smartphone.

Lorsque vous l'aurez fait, au début, vous vous sentirez frustré. Vous vous retrouverez également dans la situation d'essayer de visiter la page Facebook sans même prendre une décision consciente de le faire, seulement pour contrôler que quelque chose de nouveau ne s'est pas produit dans votre tribu. Ce désir vous passera assez vite.

Vous découvrirez ensuite que la frustration est remplacée par un merveilleux sentiment de calme et de concentration. Une fois que vous avez échappé à votre dépendance aux réseaux sociaux et que la période de "sevrage" est terminée, c'est merveilleux!

Vous pourrez ainsi décider vous-même du moment à consacrer à la publication sur Facebook (par exemple, pour votre travail si vous êtes un Marketer) ou à la lecture de réseaux sociaux sans etre sollicité constamment par à l'application.

Choisissez un dispositif de travail et un autre pour les réseaux sociaux sociaux:
Dédier un dispositif au travail peut sembler un détail, mais cela fait une énorme différence dans la lutte contre la procrastination et la dépendance aux réseaux sociaux. Étant donné que je ne possède pas deux ordinateurs, l'appareil que j'ai choisi pour le divertissement et les réseaux sociaux est ma tablette. Ainsi, chaque fois que je veux naviguer sur Facebook ou voir ce que font mes amis sur les réseaux sociaux, j'utilise ma tablette. Évidemment, il est toujours en mode "silencieux". Je le range aussi quand il est temps de travailler. Je le range dans un tiroir d'une autre pièce et le remets à la fin du travail. Cela fonctionne à merveille pour moi. Personnellement, je ne pense pas avoir besoin d'une pièce spéciale pour travailler, il me suffit d'avoir un ordinateur portable dédié: l'ordinateur portable est l'environnement que je peux associer au travail.

Mais, comme le suggère Stephen King, une salle dédiée au travail est évidemment encore la meilleure solution - une incitation encore plus forte de votre subconscient à entrer en mode "travail".

Comment arrêter de contrôler ses emails comme un toxicomane?

Comme pour les réseaux sociaux, le principe de désintoxication des mails est très similaire. Mais contrairement aux réseaux sociaux, le courrier électronique est un outil de travail très répandu, il est donc plus difficile de l'éviter complètement.

Cependant, la science soutient maintenant l'idée selon laquelle vous devriez vraiment limiter votre accès au courrier électronique pour être plus productif dans tout ce que vous faites. Dans un ouvrage récent du New York Times, Daniel J. Levitin, professeur à l'Université McGill, a évoqué son travail avec son collaborateur Vinod Menon. Levitin écrit: "*Un mail que vous savez être arrivé dans la boîte de réception, non lu, peut brouiller votre attention car votre cerveau continue à y penser, ce qui vous distrait de ce que vous faites. Qui m'écrit? Est-ce important? Bonne ou mauvaise nouvelle?* "

Il est préférable de laisser votre programme de messagerie désactivé que d'entendre le "ping" (sonore ou notification visuelle) constant et de savoir que vous ignorez les messages.

Pourquoi n'êtes-vous pas plus productif lorsque vous consultez vos emails tout le temps?

Parce que la distraction supprime votre capacité à affiner le travail.

Quelle est la solution de Levitin et Menon pour répondre aux e-mails sans les laisser vous prendre "en otage"?

La méthode consiste à traiter les e-mails comme tout autre projet ou activité et à mettre de côté l'application le temps nécessaire pour vous concentrer. Cela vous semble difficile?

Voici trois méthodes simples pour dédier durant la journée un créneau horaire pour répondre aux courriers électroniques.

1. Désactiver les notifications push

Comme Levitin l'a mentionné dans son article, les notifications push au téléphone peuvent considérablement augmenter l'anxiété de laisser des courriels sans réponse (après tout, entendre ce bruit toutes les cinq secondes est source de distraction). Donc, désactivez les notifications push et vérifiez votre courrier uniquement lorsque vous êtes prêt à y passer du temps.

2. Désactiver le courrier électronique sur le téléphone

Si vous consultez constamment les courriels sur votre téléphone, supprimez simplement vos comptes de messagerie pour ne pas être tenté de jeter un coup d'œil rapide entre vos réunions ou depuis la maison.

Craignez-vous que les gens se fâchent si vous n'êtes pas disponibles par e-mail 24h / 24 et 7j / 7? Quand ils verront à quel point vous êtes plus productif, cela n'aura probablement plus d'importance.

3. Définir quand vérifier l'e-mail pendant votre journée

Limiter la vérification des e-mails à 3 fois par jour: une fois le matin, une fois l'après-midi et une fois le soir.

3. Comment mettre en place un mode de vie sain et augmenter la productivité du travail?

Faire 20 minutes d'exercice physique par jour

Êtes-vous tellement occupé que vous ne trouvez pas le temps de rester en bonne santé? Comment faire fonctionner correctement votre cerveau si vous n'êtes pas en grande forme physique?

Richard Branson a déclaré: "Je peux faire le double quand je suis en forme." Je ne pense pas que vous soyez plus occupé que Richard

Branson ou que vous vouliez vous réveiller tous les jours à 5H du matin. Heureusement, tout ce dont vous avez besoin, c'est juste 20 minutes d'exercice par jour pour être en forme physiquement et mentalement.

Si vous n'avez pas le temps d'aller à la salle de sport tous les jours, le «Total Body» est idéal pour vous mettre et vous maintenir en forme, où que vous soyez, même à la maison et sans équipement spécial.

Les séances d'entraînement «Total Body» sont des séries d'exercices progressifs dans lesquels vous vous concentrez sur différents groupes musculaires afin de ne pas exagérer une partie de votre corps en particulier.

Vous trouverez de nombreuses applications à installer sur votre smartphone qui vous permettent d'effectuer ces exercices à l'aide de simples dessins, à l'aide d'un tapis en mousse ou d'un tapis dur. Je ne fais pas de publicité, mais je recommande l'application que j'utilise tous les jours. Elle s'appelle Fitness Challenge 30 jours). C'est pour smartphones Android, mais je suis sûr que vous trouverez l'équivalent sur iOS.

Faire un peu de sport chaque jour vous permettra de créer une routine d'entraînement parfaite. Vous pouvez le faire même après une longue journée de travail, je peux vous garantir que vous vous sentirez plus en forme et productif qu'auparavant.

Faire de l'exercice tous les jours peut sembler un peu contraignant, mais vu que le temps imparti est minime (20 minutes), ce sera beaucoup plus facile que vous ne le pensez.

Ces exercices sont assez simples, mais regardez et écoutez bien les instructions pour les faire correctement.

Que boire et manger pour augmenter votre productivité?

Vivre plus longtemps et en meilleure santé signifie prendre soin de son corps en mangeant des aliments de haute qualité et en faisant de l'exercice régulièrement.

Vous ne pouvez pas vivre pleinement dans le présent sans suivre ces simples recommandations. Cependant, je vous conseille de consulter votre médecin avant d'adopter un régime ou un comportement en particulier.

Équilibrer votre apport énergétique pour maintenir un poids correct

Ajustez votre apport nutritionnel en fonction de votre niveau d'exercice: si vous vous entraînez régulièrement, vous pouvez manger la plupart des aliments avec modération. Si vous ne vous dépensez pas suffisamment, vous devez maîtriser votre consommation de sucres et de graisses pour éviter de grossir (cela semble évident à dire).

Une heure d'activité sportive permet de brûler de 200 à 300 calories, soit l'équivalent d'un gros morceau de gâteau!

Donc, plus vous bougez, plus vous pouvez manger sans vous soucier des calories!

Réduire la consommation de graisses saturées et les remplacer par des graisses insaturées

Consommez moins d'aliments riches en calories et / ou frits, beurre, crème, sauces, mayonnaise, snacks, biscuits et autres desserts ... Préférez plutôt d'autres produits faibles en gras et riches en oméga 9 (huile d'olive) et en oméga 3 canola, huile de soja et poissons gras comme le saumon et le thon).

En outre, ne consommez qu'un seul aliment riche en gras par repas. Par exemple, si vous mangez une assiette avec une sauce, procurez-vous un fruit comme dessert plutôt qu'un dessert.

@2018 Arnaud Degardin

Mangez plus de légumes, fruits, fruits secs

Ces aliments ont des qualités nutritionnelles très utiles (fibres, vitamines B et C, antioxydants) et contiennent parfois des acides gras bénéfiques (tels que l'oméga 9 dans les amandes et l'oméga 3 dans les noix).

N'oubliez pas d'ajouter des fruits frais pour votre petit-déjeuner, d'inclure des légumes crus dans votre déjeuner ou votre dîner et de varier les saveurs et les couleurs (tomates, salade, poivrons et chou).

Les repas peuvent être accompagnés de légumes cuits. La soupe constitue un délicieux repas, en particulier avec des lentilles, des haricots rouges ou blancs. Ceux-ci fournissent des protéines, des fibres et des glucides à faible indice glycémique.

Remplacez les sucreries et les produits de boulangerie par des fruits frais (2 à 3 portions par jour), en particulier des agrumes et des fruits exotiques riches en vitamine C. Si vous avez faim pendant la journée, prenez un en-cas léger à base de noix ou d'amandes.

Limiter la consommation de sucres ajoutés

En plus du sucre que vous pouvez ajouter à votre café ou à votre thé, il y a du sucre dans les biscuits, les bonbons, les pâtisseries, les glaces et les boissons gazeuses. La plupart du temps, nous ignorons la quantité de sucre contenue dans ces aliments, ce qui rend difficile le contrôle de notre consommation de sucre.

Pour éviter une consommation excessive de sucre, limitez votre consommation à **trois produits riches en sucre par jour**. Par exemple: une cuillère à soupe de confiture sur un pain grillé, un yogourt aux fruits et au déjeuner et une portion de crème glacée après le dîner.

Limiter la consommation de sel

Le sel limite la prolifération des bactéries dans les aliments confectionné et améliore le goût. Il est donc présent dans de nombreux produits.

Cependant, le sel contribue à augmenter la pression artérielle et augmente le risque de maladie cardiovasculaire, donc consommez-le avec modération. Ne pas ajouter automatiquement le sel à la nourriture sans la goûter au préalable. Lorsque vous ajoutez du sel, utilisez juste une pincée.

Évitez de cumuler les aliments salés dans un seul repas. Par exemple, si vous mangez du jambon, ne mangez pas de fromage.

Et surtout, faites de l'eau votre boisson principale!

Assurez-vous de boire suffisamment d'eau chaque jour

Votre corps a besoin d'environ 1,5 litre d'eau par jour, soit l'équivalent de 8 verres d'eau (un verre = 200 ml, pour les adultes). Commencez la journée avec un grand verre d'eau et continuez à boire pendant la journée, avant, pendant et après les repas.

Buvez avant d'avoir soif. Gardez une bouteille d'eau avec vous au travail et alternez les eaux naturelles et les eaux gazeuses. Pour être bien hydraté, vérifiez la couleur de votre urine qui doit être claire.

Maintenant que nous avons parlé de votre bien-être mental et physique, voyons comment augmenter la productivité de votre entreprise / de votre travail.

4. Créer des systèmes: faire plus avec moins

La répétition est l'ennemi du progrès: 3 raisons pour tout automatiser

Les activités manuelles sont souvent essentielles mais trop répétitives et nécessitent du temps et de l'attention. Grâce à l'automatisation, vous pouvez vous dédiées à des activités réellement essentielles pour votre entreprise.

Voici deux raisons pour lesquelles votre entreprise peut être à la traîne par rapport à son potentiel - et comment l'automatisation peut aider:

1. **Trop de temps consacré à la collecte de données.** Les données sont la pierre angulaire de toute entreprise, mais la collecte et l'analyse manuelle d'informations peut rapidement devenir une tâche accablante. Des outils automatisés tels que des formulaires de collecte de données (par exemple, des formulaires de commande) ou des robots de Web-Scraping vous permettent de collecter des données sans erreur et de façon organisée dans l'ensemble de votre société, tout en offrant la facilité d'interprétation nécessaire pour prendre des décisions.
2. **Vous ne savez pas par où commencer?** Considérer une approche en équipe est souvent la première étape. Collaborez avec une seule équipe ou un petit groupe de personnes pour identifier les meilleurs processus à automatiser, tels que la configuration d'alertes automatiques pour les demandes de budget ou la collecte d'informations pour un rapport de vente hebdomadaire. Commencez par évaluer les outils que votre organisation utilise déjà, puis recherchez les solutions utiles à d'autres services. Envisagez de mettre en place une plate-forme "intelligente" de gestion du travail (type CMS, Content Management System) qui rassemble toutes les informations et les traite automatiquement.

Je vous suggère d'évaluer l'application de solutions en PHP / Javascript basées sur Trigger (déclencheurs), ou l'utilisation de la *Robotic Process Automation* (RPA) ou du Web-scraping. Je n'entrerai pas dans les détails ici, car vous trouverez des explications détaillées dans mes précédents ouvrages. (Web Robots: Révolutionne ton business avec la Robotic Process Automation et le Web-Scraping appliqués au Web-marketing et Issue de Secours: travaille moins et sois heureux: Atteindre la liberté financière et partir en retraite encore jeune)

Comment déléguer efficacement et tirer le meilleur parti de votre équipe

De nombreux entrepreneurs et manager ne savent pas comment déléguer efficacement ou ne sont pas disposés à le faire, sauf obligation absolue. Ils ne réalisent pas que la délégation est la clé principale de la productivité.

Le bien le plus précieux que vous avez est votre temps. Peu importe ce que vous devez faire, mais le temps à disposition passe et vous ne pouvez pas tout faire par vous-même.

Donc, si vous êtes mal à l'aise pour déléguer, ou si vous sentez que vous ne pouvez pas laisser tomber vos responsabilités, j'espère qu'à la fin de ce chapitre, vous pourrez aborder le sujet différemment et déléguer efficacement.

Qu'est-ce que déléguer?
Déléguer efficacement signifie attribuer à un employé la responsabilité d'exécuter des tâches ou des activités spécifiques. La délégation, si elle est effectuée correctement, permet de motiver les employés, d'économiser du temps et de l'argent et de former à de nouvelles compétences.

Pourquoi les grands leaders délèguent-ils efficacement?
Regardez n'importe quel grand leader de votre secteur ou de votre pays et je peux vous assurer qu'il connaît l'art de déléguer efficacement. Je dis efficacement, car déléguer des tâches est une compétence qui s'apprend et s'améliore avec le temps.

Si vous êtes réticent à déléguer, et répétez des phrases telles que "Si vous voulez le faire correctement, vous devez le faire vous-même", alors bonne chance! Vous aurez une charge de travail accablante et vous ne pourrez jamais travailler sur de plus gros projets.

Déléguer n'est pas toujours facile et le processus n'est pas toujours clair. Vous devrez peut-être modifier le processus de délégation à l'occasion et apprendre à vous améliorer constamment, mais cela en vaut la peine d'essayer! Plus tôt vous commencez, plus vite vous développerez la capacité de déléguer efficacement.

@2018 Arnaud Degardin

Quatre étapes pour déléguer efficacement:

1. Premièrement, il est nécessaire de choisir les justes tâches à déléguer. Une fois que vous avez fait cela, vous devez identifier les bonnes personnes pour les déléguer. Ensuite, donnez des instructions, suivez les progrès et examinez les résultats.
2. Que devriez-vous déléguer? Il y a beaucoup d'activités qui sont délégables. D'autres non, comme les activités dites "sensibles" et spécialisées. Lorsque vous envisagez de déléguer une activité, commencez par poser les questions suivantes: Est-il absolument essentiel que je fasse cette tâche seul? Y a-t-il quelqu'un dans mon équipe qui possède la bonne expérience pour mener à bien cette tâche? Est-ce une tâche stable dans le temps? Cette activité offre-t-elle une opportunité de développer les compétences d'une autre personne?
3. À qui devrais-je déléguer? Toutes les activités ou activités ne sont pas identiques. Certains peuvent être réalisés par n'importe qui et d'autres sont spécialisés et nécessitent des compétences et des connaissances spécifiques. Vous devez trouver les bonnes personnes pour les bonnes tâches. Associer la bonne personne à chaque activité peut être difficile à faire.

IMPORTANT: N'ayez aucune «culpabilité» lors de la délégation de vos activités: après tout, lorsque vous essayez de gérer votre temps pour augmenter votre productivité, vous encouragez votre équipe à élargir leur horizon et à devenir plus précieuse pour l'entreprise!

5. Utilisez vos émotions pour être plus productif

Comment éviter de s'inquiéter?

"Changez vos pensées et vous changerez le monde." ~ Norman Vincent Peale

Plusieurs fois, je me suis senti anxieux à l'approche de certaines situations difficiles dans ma vie, telles que des situations économiques ou des problèmes de santé.

J'ai toujours apprécié certains concepts liés au bouddhisme et à la philosophie zen, au travers de mes lectures et de mon expérience de vie, pour pouvoir augmenter ma "conscience" quotidienne (awareness). Ainsi j'ai progressivement appris à maîtriser mes pensées anxieuses et non productives qui me viennent à l'esprit.

Alors que je poursuivais mon travail intérieur, je devenais plus patient avec les autres et avec moi-même. Avec le temps, j'ai compris que la lutte est universelle et que nous partageons tous ces problèmes intérieurs d'une manière ou d'une autre, à un moment donné de notre vie.

La façon dont nous nous rapportons à notre "douleur" est ce qui donne forme au résultat. Selon le tempérament, nous pouvons nous effondrer sous la pression de la vie ou "embrasser" les problèmes à bras le corp et devenir plus forts.

Notre caractère et notre famille ont une grande influence sur la manière dont nous observons et réagissons au monde qui nous entoure. Mais nous ne sommes pas totalement impuissants dans notre environnement; nous pouvons changer la façon dont nous répondons aux difficultés de la vie. Avez-vous déjà admiré quelqu'un qui est sorti de l'adversité plus fort, plus sage et mieux équipé pour le future? Vous n'êtes pas obligé d'admirer cette personne; vous pouvez être cette personne.

Vous seul pouvez choisir de laisser les choses vous "touchez"...

Par conséquent, lorsque vous réalisez que vous pensez à ce que cela "devrait être" ou "ne devrait pas être", alors vous devez vous arrêter. Vous devez vous rappeler que c'est ce qui se passe maintenant et que cela est ainsi.

Je crois fermement que l'on obtient beaucoup plus lorsque l'on ne pense pas constamment à l'avenir. Votre chien ou votre chat s'inquiète-t-il du lendemain? Non! ... alors pourquoi devriez-vous?

Pendant que vous vous mordez les ongles et faites une longue liste de choses à faire, votre animal de compagnie est heureux de poursuivre sa queue sans se soucier du monde autour. Suivez ainsi son exemple (enfin, peut-être pas complètement...), pensez à l'attitude de votre chien!

Arrêtez de penser à votre performance.

Plus important encore que la conscience du corps, c'est la conscience du moment présent.

Penser trop à ce que vous faites et évaluer votre performance ne vous feront que vous ralentir.

Comment éviter de penser à la performance?
Concentrez-vous sur ce qui se passe autour de vous en prenant une pause. Cela vous obligera à ne plus trop penser et à éviter de rester "coincé" dans votre tête. En pratique, regardez ce qui se passe dans la pièce et faites taire votre "bavardage mental" immédiatement.

Combien de pauses font les personnes productives?

Si vous essayez d'être plus productif, vous devez tenir compte de la nécessité de travailler moins. Donc, le secret pour faire plus, c'est de travailler moins.

Règle des 52-17
L'idée est de faire de longues pauses ... beaucoup de longues pauses Pour être précis, des pauses de 17 minutes toutes les 52 minutes de travail intense. Cela ressemble beaucoup à des temps mort, et ça l'est. Mais cette relation temporelle très spécifique s'est avérée augmenter la productivité grâce à une expérience menée par le groupe Draugiem, à l'aide de l'application de suivi du temps DeskTime. Ils ont constaté que

10% des employés les plus productifs adoptaient un rythme de travail similaire.

17 minutes de déconnexion complète des tâches de bureau vous permettront de vous ressourcer et de faire face à la prochaine "rafale" de 52 minutes.

Pour ceux d'entre nous qui ne peuvent pas se "détacher" tout seul, ils peuvent utiliser la méthode dite "de la tomate" (Timer de cuisine "Pomodoro"), qui présente un cycle de pause de travail similaire avec une simple alarme réglable via l'application ou mécanique du timer.

6. Comment tirer le meilleur du travail des autres pour développer votre entreprise?

Assurez le succès de vos employés

Aider les employés à atteindre leurs objectifs est un élément fondamental du travail de chaque responsable ou entrepreneur. Les employés veulent voir en quoi leur travail contribue à la réalisation des objectifs de l'entreprise.

L'établissement d'objectifs est particulièrement important en tant que mécanisme permettant de fournir une rétroaction continue chaque jour, chaque semaine et chaque fin de mois. En établissant et en surveillant les objectifs, vous pouvez donner à vos employés des informations en temps réel sur leurs performances et les motiver à en faire plus.

Pour que les objectifs soient significatifs et efficaces pour motiver les employés, ils doivent être liés aux plus grandes ambitions de l'organisation (Vision, Mission).

Avertissement: les membres de votre équipe risquent d'être découragés si vous insistez sur des objectifs trop difficiles à atteindre. Vous ne voulez pas viser trop bas. Mais si, au contraire, vous êtes trop prudent, vous perdrez des opportunités et vous serez médiocre.

Surveiller les progrès:
J'examine les objectifs à long terme (maximum annuels) et à court terme toutes les semaines.

Quand les choses tournent mal:
Si vos employés ont des difficultés à atteindre l'objectif, il peut être nécessaire de le corriger (l'objectif, non l'employé...). Vous pouvez aussi demander aux membres de votre équipe de vous apporter une solution potentielle. Si leurs efforts pour résoudre le problème échouent, vous devrez vous impliquer davantage vous-même.

4 façons d'obtenir la confiance et l'engagement de votre équipe

Vos employés sont le corps et le cerveau de l'entreprise. Sans eux, votre entreprise, à court et à long terme, ne réussirait pas. De nombreux entrepreneurs ne comprennent pas à quel point il est important que les employés soient satisfaits de leur vie professionnelle. Si vous ne le comprenez pas, vos employés ne seront pas aussi productifs qu'ils le pourraient etre et ne vous aideront pas à poursuivre votre activité.

Comment vous assurer que vos employés sont impliqués dans l'ensemble de l'organisation?

1. Assurez-vous d'avoir un lien personnel avec vos employés

Il a été démontré à maintes reprises que les employeurs qui rejoignent les employés et essaient de les connaître personnellement rencontrent beaucoup plus de succès que ceux qui ne le font pas. Les employés se sentiront beaucoup plus satisfaits et plus importants pour l'équipe lorsque les employeurs prendront le temps de faire leur connaissance. De plus, cela rend le travail plus amusant quand tout le monde se connaît! Pour ce faire, buvez quelques cafés au bureau ou sortez dîner avec vos collègues de temps en temps.

2. Inspirez votre équipe

Il n'en faut pas beaucoup pour inspirer les autres autour de nous. Vos employés vous verront toujours comme une source d'inspiration en tant qu'employeur.

Par exemple, si vous souhaitez que vos employés fassent preuve de créativité au travail, vous pouvez créer des espaces où ils peuvent être créatifs et leur montrer comment le faire. Créez un tableau de Brainstorming, par exemple.

3. Faites confiance à vos employés

De toute évidence, l'un des meilleurs moyens de gagner la confiance de vos employés est de leur faire confiance. Il n'y a aucun moyen pour vous et votre entreprise de réussir en vivant pleinement la vie, si vous ne faites jamais confiance à vos employés pour faire des choses. Donnez-leur les outils et les ressources dont ils ont besoin, mais quand il s'agit de faire leur travail, laissez-les travailler. Si vos employés font des erreurs, tout va bien! Les erreurs et les échecs sont la façon dont nous apprenons au travail.

4. Donner aux employés un moyen de se développer et de réussir dans l'entreprise

La chose la plus importante que vous puissiez faire pour convaincre vos employés de s'engager dans votre entreprise est de leur donner la possibilité de carrière et de réussite. Sans cela, vous ne les occuperez pas très longtemps. Il a été démontré que les employés ne veulent pas seulement venir au travail tous les jours et faire toujours la même chose. Les employés veulent grandir eux aussi.

Et cela peut être fait de différentes manières:
Vous pouvez leur donner accès à des outils de formation en ligne qu'ils peuvent utiliser pendant une période de travail ou autoriser une formation en dehors de l'entreprise.

CONCLUSION

J'espère que vous avez aimé lire ce livre.

C'est le fruit de mon expérience acquise au cours des 10 dernières années en tant qu'entrepreneur et de l'étude de livres sur le sujet.

Avec toutes ces suggestions que j'ai partagées avec vous, vous savez maintenant quoi faire lorsque vous ne voyez pas de résultats au travail.

Relisez ce livre dans les mois à venir pour bien assimiler tous les concepts.

Comme je vous le disais dans l'introduction, il n'existe aucune force mystérieuse qui vous rend plus productif et motivé.

La vraie motivation est le résultat d'un exercice continu d'autodiscipline pour faire ce que vous devez faire aujourd'hui.

Bougez continuellement dans l'instant présent et la productivité viendra!

Arnaud DEGARDIN

Si les informations contenues dans ce livre étaient utiles ou intéressantes, je vous serais très reconnaissant **de laisser un commentaire sur le livre sur Amazon.**

Merci beaucoup pour votre aide!

www.ingramcontent.com/pod-product-compliance
Lightning Source LLC
Chambersburg PA
CBHW032312240526
45464CB00023BA/3002